JN438161

거꾸로 자라는 나무

이재업 시집

거꾸로 자라는 나무

이재업 시집

자서

시를 위한 기도

지친 몸으로
힘든 하루를 보내고
어스름 저녁이 되면
마음이 편안해진다
내일은 또
내일의 태양이 뜨겠지만
아침이 올 때까지
아린 가슴을 움켜잡고
어둠의 터널을 지나야 하는
기나 긴 여정
내일의 태양을 볼 수 있기를
간절한 마음으로 기도한다

2024년 봄

이 재 업

차례

제1부
혼자 도는 바람개비

제2부
내 인생의 기도

차례

제3부
차 한 잔의 여유

제4부
갈매기의 꿈

차례

제1부
혼자 도는 바람개비

어처구니

돌돌돌 돌돌돌돌
그 옛날 배고프던 시절
끼니때가 가까워지면
부엌 한 켠에서 들려오던 그 소리
세월을 돌리듯
인생을 돌리듯
겉보리도 돌리고
콩 강냉이도 돌리고
마른 것도
젖은 것도 그렇게
돌리고 또 돌렸지
아무짝에도 쓸모없을 줄 알았던
한 뼘 남짓한 나무토막
어머니 손때가 묻은
그것

* 어처구니 : 맷돌의 손잡이, 맷돌을 돌릴 때 쓰이는 나무토막

온실 속 화초처럼

나는 온실 속에서만 살았다
주인이 갖다 놓은 처음 그 자리에서
어쩌다 한번 주는 물만 받아먹으며
온실 속을 떠날 줄 몰랐다
저 문을 열고 밖으로 나가면
시원하게 불어오는 바람도 있고
더 넓은 세상이 펼쳐져 있는데
작은 창으로 보이는 바깥풍경에 만족하며
햇볕도 잘 들지 않는 그늘 속에서
누군가 던져주는 시선에
누군가 어루만져 줄 손길을 기다리며
감옥 같은 온실 속에서만 살았다
바보처럼

거꾸로 자라는 나무

여인의 숨결 같은 부드러움으로
볼살을 꼬집던 바람이
바늘 끝처럼 뾰족해지면
여름 한낮 그늘이 되어주고
소낙비를 막아주던 그대는
검은 하늘에 뿌리를 박고 거꾸로 선다

서릿발에 코를 박은 햇살이
쫓기듯 자리를 뜨고 나면
하늘과 땅 사이에 걸린
안개 커튼 뒤 검은 산들이
실루엣으로 가까이 다가온다

여인의 숨결처럼 따스하던 바람이
가시 돋친 듯 앙탈을 부리면
나무는 거꾸로 선다
세상이 거꾸로 선다
아니 내가 거꾸로 서 있다

가시 · 2

아름답고 예쁜 꽃에는
자신을 지키고 보호하기 위한
가시가 있고
독이 있는 것처럼
아름다운 이 세상에는
곳곳에 많은 가시가 돋아있다
가시에 찔려서 생긴 상처는
곪아 터지면 쉽게 아물지만
언어에 찔려서 생긴 상처는
평생을 두고 아물지 않는다

혼자 도는 바람개비

나는
혼자 도는 바람개비
바람이 없어도 잘 돌아간다

나는
혼자 걷는 나그네
오라는 곳은 없어도 갈 곳은 많다

바람은 스스로 길을 만들어 가는데
나는
이미 정해져 있는 길도 찾지 못해
같은 자리를 맴돌고 있다

오늘도
또 내일도

김장하던 날

지난여름 태어난 그대
진녹색 치마저고리
옷고름을 풀어 헤치니
샛노란 속살이 드러난다
수줍은 듯
풍덩 짠 물속으로 몸을 숨기고
밤새 숨죽이고 있더니
색동옷 갈아입고
분단장하고 나와
후끈 목젖을 달구는 그대
그대가 있어
겨울이 춥지 않고
그대가 있어
이 겨울은 따뜻하겠네

영양돌솥밥

화강암 돌솥의 뚜껑을 딴다
하얀 김이 서리서리 뒤엉켜 있다가
이때다 싶었는지
한꺼번에 뿜어져 나온다

검은 흑미에 밤 한 톨
대추 한 알 인삼 뿌리 한 조작
양대 콩 서너 알에
초록 색깔의 완두콩알이
하나 둘 셋 넷
6자회담을 하는 건가
FTA협상을 하는 건가
아니면 은밀한 대화를 나누는 걸까

옹기종기 모여앉아
뜨거운 열기를 뿜어내고 있다

달을 보며 걷다

희멀건 달빛마저 엉겨 붙어
길은 보이지 않는다

꽁꽁 언 손 접어서
주머니 깊숙이 찔러 넣고
달을 보며 걷는다

바람을 등에 업고
외투 깃에 모가지를 묻어도
빈 가슴에서 부는 바람은
시베리아 벌판 그 혹한보다
더 매섭고 시리다

회갈색 무덤 속에서
그대로 멈춰버린 숲은
아무런 소리도 낼 수 없는
벙어리가 되었고
계곡을 따라 구르던 물소리도
얼음 속에 갇혀 움직임이 없다

달을 보며 걷는다
그리움이 엉겨 붙어 보이지 않는 길을…

취객

엉클어진 마음 달래려
한 잔 술로 목젖을 적신다

하얗게 부서지는 달빛을 업고
타박타박 걸어가는 길이
갑자기 나를 향해 곤두박질친다

뒤틀리는 세상을 잡아보려
허공 향해 두 팔을 휘저으며
길모퉁이를 돌아설 때
노란 어지러움 속에서
수없이 많은 별들이 내게로 쏟아져 내린다

산 위의 산

세월이 멈춰버린 산 아래 산
그곳은 천혜의 자연이 살아 숨쉬는
지상 최고의 아름다운 지상낙원
하늘이 내려앉은 산 위의 산
그곳은 구름 속 신기루 같은
지상에서 가장 웅장한 곳
짧은 외마디에 할 말을 잃은 채
눈을 뜨고도 다 볼 수가 없고
귀가 있어도 그 소리 다 들을 수 없는
산 아래 산
산 위의 산

화이트데이

있잖나
가만히 눈 좀 감아 봐!
그리고
마음을 열고
가슴으로 느껴봐
너의 마음속에서
자라는
사랑이 느껴지지 않니

그 주막엔 주인이 없다

사막 한가운데 주막이 있다
목마른 이 목이나 축이고 가라고
배고픈 이 허기나 달래고 가라고
누군가 만들어 놓은 안식처
한나절 햇볕이 빚어 놓은 그림자가
주막을 한 바퀴 돌아 올 때쯤
피로에 지친이 있거든
피곤한 몸 하루 쯤 묵었다 가라고
누군가 만들어 놓은 주막에
가시 돋친 입들만 득실거릴 뿐
정작 그곳에 있어야 할 주인은 없다

키스

봄바람처럼
부드러운 숨결로 다가와
앵두 같은 입술 위에
달콤한 입맞춤을 한다

화장을 한 듯 안 한 듯
그녀의 입술을 그린
연분홍빛 립스틱 향이
유혹하듯 코끝은 스친다

감미롭다
향기롭다
온몸에 전율이 흘러
잠자던 욕망이 솟구친다

시나브로 빠져
그대의 체취에 취해
눈을 뜰 수가 없다

화장을 고치고
분홍 립스틱 입술을 그리는 그대

여자는 립스틱을 바르지만
그 립스틱을 먹는 사람은 남자다.

그리고 사랑을 한다

소주 한 잔

가득 찬 술잔에서
별 하나가 굴러 떨어진다

벌겋게 달아오른 화롯불 위에서
지글지글 노릇노릇 익고 있는
남의 살 타는 냄새에
꼬르르륵…
뱃속에서 먼저 반응을 보이니
거 참! 환장하겠네
자작나무 숲으로 불어오는
싱그런 5월의 강바람에
반쯤 찬 술잔 속에서
하늘하늘 춤을 추는 달빛으로
마른 목젖을 데운다.

캬…
바로 이 맛이야

대보름 기원제

작은 설 정월 대보름이다

까탈스럽게 여울을 차고 오는 바람이
섶다리에 올라섰다
배꽃같이 새하얀 치마저고리를 입고
긴 소맷자락 하늘로 흔들며
한 마리 나비처럼 춤을 춘다
간간이 불어오는 바람에 놀라
버선발을 보이던 누이는
파란 하늘에 물수제비로 뜨고 싶겠지

꽹과리 징 장고 북 장단이
상고 끝에 매달려 허공 속에 던져지고
무병장수 기원하는 소지 한 장
정성스레 달집 속에 묻는다
두루두루 다 잘되게 해 달라고 빌며
마주잡은 손과 손
마음과 마음은
정월보름달 아래서 하나가 된다

* 무자년 정월 보름에

열대야

구름 한 점 보이지 않는 하늘은
용광로보다 더 뜨거운 열기를 뿜어내며
숨 쉴 수 있는 공간마저 앗아가 버렸다
그늘진 곳을 찾아보지만
몸뚱이 하나 쪼그리고 앉아 있을
좁은 공간 하나 보이지 않는다
지글지글 끓어오르는 지열에
온몸을 칭칭 옭아매는 끈적거림과
진동하는 땀 냄새로 짜증나게 하고
밤이 되어도 식을 줄 모르는 열기에
밖으로, 밖으로 내몰린다

벌거숭이

갈바람에 옷을 벗은
앙상한 나뭇가지 사이로
하늘바다에 빠진 벌거숭이

우윳빛 고운 살결
어둠 속에 떨고 있는
벌거숭이 그대는
바람 앞에 촛불 같구나

하늬바람 불어와
그를 잡고 애무하는 날
풀어헤친 젖가슴에 안겨
숨소리마저 잠이 들겠지.

* 벌거숭이 : 고추잠자리의 순우리말

헌것이면 어떠랴

새것이라면
신상이라면
사족을 못 쓰는 세상
신상을 사기 위해
어떠한 짓도 마다하지 않고
남에게 과시하고 싶어서
남에게 지고 싶지 않아서
몸에 맞지 않아도
마음에 들지 않아도
새것이라면 다 좋은 줄 알고
그저 새것만 좋다고 한다
헌것이라도 마음에 들고 몸에 잘 맞으면
새것보다 못할 게 없는데
잘 길들여진 구두가 발이 편하고
오래된 친구가 마음이 편하고
헌 옷이라 할지라도
입어서 편하면 좋은 것을
사람들은 새것만 찾는다
어른 아이할 것 없이
새것이라면 환장한다

코로나19

날마다 일어서기 위해
안간힘을 써보지만
한번 접힌 다리는 힘이 빠져
제대로 일어설 수가 없다
언제 끝날지 모르는
그 끝도 보이자 않는 현실에
오늘도 누군가는 쓰러지고
삶의 의혹을 잃어가고
아침에 눈이 떠지니까
살아있구나 안심은 하지만
하루를 어찌 살까하는 기대보다
오늘도 살아야 하는구나, 라고
자책하는 사람들의 한숨소리가
귓가에 소용돌이치는데
그놈들은 들은 척도 않고
밥그릇 싸움만 하고 있으니
속 터지는 건
힘없고 불상한 서민들뿐
이놈의 세상
이 지긋지긋한 코비드 바이러스는
언제나 종식될는지

주머니 속의 작은 행복

사람들은 멀고 높은 곳에 앉아있어
잡으려고 하면 더 멀리 날아가 버리는
파랑새와도 같은 허상을 바라보며
그것이 행복인 줄 착각하며 산다

남들보다 아는 게 많고 돈이 많아서
남들보다 잘났다고 행복한 것이 아니라
가진 것 없고 아는 게 별로 없어도
남들보다 잘나지는 못했어도
즐겁게 살아가면 그게 바로 행복이다.

등 따습고 배부른 사람은
진정한 행복이 무엇인지를 모른다

가진 자는 천만 원도 우습게 여길지 모르지만
가난한 자의 천 원짜리 지폐 한 장은
세상 그 무엇과도 바꿀 수 없는 소중한 거다

단돈 천 원 한 장으로 하루를 등 따습고
배부르게 보낼 수 있은 그들이야말로
진정한 행복이 무엇인지를 잘 알고 있다

〈

을씨년스런 가을날
따뜻한 차 한 잔이 생각날 때
주머니 속에서 짤랑거리는 동전 몇 닢에서
느낄 수 있는 바로 그런 것

가진 자의 천만 원보다 없는 자의 천원이
더 가치 있고 소중하게 쓰이는 것처럼
우리가 찾으려고 하는 행복은
그렇게 멀리 있는 것이 아니라
주머니 속에서 딸랑거리는 동전 몇 닢에
기뻐하고 고마움을 느끼는 것처럼

행복은 내 가장 가까운 곳에 있는
아주 작고 사소한 것에 달라붙어서
조금씩 조금씩 자라나고 있는 거다

제2부

내 인생의 기도

탐욕 · 2

빈손으로 왔다가
빈손으로 가는 인생인데
무엇을 탐하리오
이 세상을 다 움켜잡을 듯이
두 주먹 불끈 쥐고 왔지만
그 어느 것 하나
내 것인 게 없지 않느냐
이 세상을 주름잡고 호령할 듯
우렁찬 울음으로 왔지만
큰 소리 한번 못치고
쥐죽은 듯 그렇게 살지 않았느냐
세상 부러울 것 없다고
허세를 부리고 산다 한들 뭣하고
저 잘난 척 으스대며 산다한들 뭣하랴
가진 놈이나 없는 놈이나
잘난 놈이나 못난 놈이나
빈손으로 왔다가
빈손으로 가기는 매 한가진 것을
욕심부리지 말자
남의 것을 탐하지 말자
억지로 얻으려고 하지 말자

있으면 있는 대로
없으면 없는 대로
순리에 거슬리지 않게 살자
그 어느 것도 내 것이 아니지 않느냐
이 세상에 와서
잠시 머무는 동안 빌려 쓰다가
저 세상에 갈대는 다 내려놓고
빈손으로 돌아가야 하는 것을
뭣 때문에
더 많이 가지려고 탐하는가

탐욕 · 3

가질 수 없는 것을 가지려 함은
허황된 꿈에 지나지 않다

욕심내지 마라
욕심은 또 다를 욕심을 불러온다

아무리 작고 사소한 것일지라도
남의 것을 탐하지 마라
지나친 욕심은 화를 부르게 된다

버린 것에는 미련을 두지 마라
버린 것에 집착하게 되면
돌멩이를 버리고
그것을 옥석이라고 착각하게 된다

놓친 것은 아쉬워하지 마라
지나간 것에 연연하다가
오는 기회마저 놓칠 수 있다

내 손을 떠난 건 내 것이 아니다
그것이 사랑이든 세월이든

내 것이 될 수 없기에 떠난 것이니
떠난 것에 미련을 두지 마라

여보게

여보게
세상 모든 근심 걱정
저 혼자 안고 가는 것처럼
그렇게 한숨짓지 말게나

혼자만 힘들고 고달픈 것처럼
그렇게 탄식하지 말게나

이 세상 모든 시련과 아픔
저 혼자 다 짊어지고 가는 것인 양
그렇게 고민하지 말게나

그대의 하늘이 파란색이면
저들의 하늘빛도 파랄 것이고
그대의 사랑이 아프면
저들의 사랑도 아픔일 테니

여보게
저 혼자 서럽고 슬픈 것인 양
서러운 눈물 흘리지 말게나

탓

다 타고난 팔자인 것을
누구를 탓하겠는가

잘되면 내 탓
안되면 조상 탓이라며
말도 안 되는
변명 같지도 않은 변명으로
마음의 위안을 삼으려고 하지

몸이 아프고 힘든 것도
마음이 아프고 슬픈 것도
다 마음에서 오는 병
누구를 탓할 것인가

잘 나고 못난 것도
잘 살고 못사는 것도
그 모두가 타고난 팔자
타고난 운명인 것을
왜 남의 탓을 하는가

이 사람아 욕심을 버리게나

이 사람아
욕심을 버리게나
죽음 앞에서도 버릴 수 없는 게 욕심이라지만
지나친 욕심은 오히려 화를 부르는 걸세

마음을 비운다는 것
말처럼 그리 쉽지는 않겠지만
마음의 잡념도 이기심도 다 버리고
물처럼 바람처럼 그렇게 살게나

잘난 것도 없으면서 잘난체하지 말고
자랑거리도 안 되는 거 자랑하려 들지 말고
가식으로 상대방을 대하지 말고
남의 공을 빌려 생색내려 하지 말게나

지금 당장은 속아 줄는지 모르겠지만
진실은 반듯이 밝혀지게 된다는 걸
왜! 모르는가

이 어리석은 사람아
입은 하나요, 듣는 귀는 천이라 했네

어찌 손바닥 하나로 하늘을 가리려고 하는가
그래서 얻어지는 건 무엇이고
남는 건 또 무엇이란 말인가

평생을 쌓아 올린 신뢰를
사소한 욕심으로 한순간에 무너뜨리지 말게
한순간 무너진 신뢰를 다시 회복한다는 건
평생가도 불가능한 일이란 걸 왜 모르는가

태클 걸지 마

이 세상에 올 때
빈 손들고 온 것처럼
갈 때도 빈손으로 가는 건
너나 내나 마찬가진데
누가 누구를 탓하는 거야

세상을 살다 보면
가끔은 흔들릴 때도 있고
지쳐 주저앉아서
울고 싶을 때도 있지만
그런 나를 비웃지 마라

한나절 바람이 앙탈부리듯
지지고 볶으며 사는 인생
잘났으면 잘난 데로
못났으면 못난 데로
한세상 사는 게 다 그런 거지

양복 입고 삿갓을 쓰던
비 오는 날 짚신을 신던
다 저 잘난 멋에 사는 거지

수군대며 손가락질하지 마라

그대들이 수군거리는 말
지나가는 바람이 알려주고
등 뒤에서 하는 손가락질
어깨 넘어 그림자로
다 보인다는 걸 왜 모르는가

잘났어 정말

세상에 핑계 없는 무덤 없다더니
핑계도 이유도 가지가지
잘 났으면 얼마나 잘났고
못났으면 또 얼마나 못났기에
저마다 잘났다고 설쳐대니
세상에 못난 사람 하나 없다

잘해보겠다고 큰소리치더니
그래 잘하는 거 하나는 있네
하라는 것 바라는 건 뒷전이고
싸움질 하나만큼은 정말 잘한다

어느 전쟁터에서 병사들이
저토록 용감하게 싸웠을까 싶을 만큼
총칼만 안 들었을 뿐
피 터지게 싸울 때는 전쟁터가 따로 없다

그래
뭐 하나라도 잘하니
이 얼마나 대단하고 다행한 일
그것도 못하고 뒷전에서

내기에 목숨 거는 놈도 있는데

털어 먼지 안 나는 놈 없고
똥 뀐 놈이 오히려 큰소리친다고
발뺌하고 우기는데 장사 없고
결국 목소리 큰 놈이 이긴 건가

잘한 것 하나 없으면서
무슨 할 말은 그리도 많아
치고 박고 던지고 부수고 욕설하고
아이들도 그렇게 싸우지는 않는다

뭘 잘했다고 큰소리치는 꼬락서니 하고는
아이들 보기에 창피한 줄 알아야지

봐라!

봐라!
그대들이 사소한 일도 처리 못하고
옥신각신 실랑이만 벌이고 있을 때
저들은 우리 땅 한 모퉁이를 넘보고 있다

봐라!
그대들이 피켓 들고 밖으로 뛰쳐나가
티격태격 쌈박질만 하고 있을 때
저들은 총성 없는 전쟁으로 바다를 건너왔다

한반도 최동단 망망대해에서
반만년 자리지킴이를 했음에도
의붓자식같이 되어버린 섬

저들의 망언이
저들의 만행이 역겨워서
애통하고 슬퍼하는 것이 아니라
저들이 찔러대는 옆구리가 아파야
눈길 한번 주는 척 하는 무관심에
가슴이 아파서 눈물을 흘리고 있음을
정령 아는가

〈

봐라!

그대들이 딴전 부리고 있을 때

저들은 이미 우리 영토를

자기네 땅이라고 표기했지 않느냐

여보게 저승 갈 때 무얼 가지고 가나

여보게
저승 갈 때 무얼 가지고 가나
옷 한 벌에 쌀 한 줌
그리고 노잣돈 세 푼이 전부가 아니던가
다투지 마시게
욕심부리지 마시게
다 마음의 짐이 아니겠는가
잘 났거나 못났거나
늙어지면 다 똑같은 것을
너무 미워하지 마시게
너무 야속하다 하지 마시게
다 죽어지면
한 줌 흙으로 돌아갈 몸 아니던가
누구나 한 번 왔다 가는 인생
단 하루를 살다 가더라도
후회 없는 삶을 살다 가시게나

마음을 열어라

닫혀있는 문은 문이 아니다
닫힌 문으로 볼 수 있는 건
아무 것도 없다
하지만 조금만 문을 열면
넓은 세상이 보인다

마음을 열어라
마음을 닫고 있으면
결코 성공할 수 없다
넓은 세상 할일도 많고
하고 싶은 일도 많고
볼 것도 참 많은데
마음을 닫고 있으면
모든 것이 부정적이 되고
좋게 보이지는 않지만
마음이 열리면
모든 것이 긍정적이 된다

마음을 열어라
닫혀있는 문은 문이 아니라
벽이다

말이란

무심코 던진 한마디가
듣는 상대방에게
어떠한 상처를 주는지
생각해 보았는가

하고 버릴 말이라도
들어서 좋은 말이 있는가 하면
해서는 안 될 말이 있고
들어서 약이 되는 말이 있는가 하면
들어서 독이 되는 말이 있다

한번 쏟아진 물을
걷잡을 수 없는 것처럼
말 한마디를 해도
가려서 하는 법을 배워야 한다

말 한마디가
천 냥 빚을 갚는다고 했다
어떤 말을 하기에 앞서
다시 한번 생각해 보고
말을 하는 습관을 길러라

〈

말을 앞세우는 것도
잘못된 것이고
말이라고 해서 다 옳은 말은 아니다

입소문

한사람 건너갈 때마다 살점이 보태지고
몸집을 부풀리게 되는 것이 소문이다

남의 말하기를 좋아하는 사람
그 사람의 머릿속은 어떤 모양일까
세모일까 네모일까
그도 아니면 뾰족 가시 모양으로 생겼을까
내가 사랑을 하면 로맨스고
남이 사랑을 하면 모두 불륜이라더니
아무 일도 아닌 것을 가지고
마치 큰일이라도 난 것처럼
떠벌리고 다니면서
이러쿵저러쿵 참 말들도 많다

처음엔 작은 모래알에 불과했던 것이
입에서 입으로 옮겨질 때마다 부풀려져서
조약돌이 되고 커다란 바윗돌이 되어
감당하기 힘들 만큼
거대 몸집이 되어버리는 게 바로 입소문이다
자신에게 잘못한 것도 아닌데
자신에게 해를 끼치는 것도 아닌데

남의 일이라고, 말하기 좋다고 해서
함부로 험담하고 상처를 주는 일이
얼마나 무섭고 무모한 일인가를 모르는 것 같다

이러저러하니 이렇겠지 라고 하는
막연한 추측만 가지고 남의 말을 옮겨서
한 사람을 곤경에 빠뜨리는 일
그것처럼 무모하고 위험한 일은 없을 거다
남들이 내 말을 하고 험담을 하고
없는 소문을 내면 기분 나쁜 것처럼
상대방도 똑같은 기분을 느낀다고 생각하면
무턱대고 남을 헐뜯고 흉보고
없는 일을 입소문 내는 행동은 하지 않을 거다

있지도 않은 일 마치 자신이 본 것처럼
떠벌리고 다니는 그런 사람들 머릿속이 궁금하다

욕심(慾心)

인간의 모든 과욕은 무엇이든지 소유하고
내 것으로 만들려는 마음에서 생기는 욕심이다

내가 가졌다고 해서 다 내 것이 아닌 것처럼
이 세상에 존재하는 그 어떠한 것도 내 것은 없다
모든 것을 잠시 빌려 쓰고 있으면서
내 것이라고 착각하고 있기 때문에
무엇이든 소유하려는 욕심이 생기는 것이다

하나를 가지면 둘을 갖고 싶은 욕심은
인간의 본능이고 심리인 것처럼
아흔아홉을 가진 자가 백을 채우기 위해
하나를 가진 자의 것을 탐한다고 했듯이
소유욕은 그 끝이 없다

무엇을 얻고 또 무엇을 가지려고 하는지
갖고 싶다고 다 내 것이 되는 것도 아니고
얻으려 한다고 다 얻을 수 있는 것도 아닌데
지나치게 욕심을 부리는 사람들이 있다

무소유, 아무것도 소유하지 않음으로

마음이 편안해지고 정신이 가벼워지는 것을
왜 소유함으로써 욕망을 채우려 하는가
자신의 어리석은 소유욕으로 하여금
맑고 깨끗해야 할 심신을 어지럽히고
무거운 짐을 짊어지게 해서 스스로를 힘들게 하는가

내 주위에 있는 것을 탐내지 말고
버릴 것은 다 버리고 심신을 가볍게 하라
마음을 비워두면 편안해지는 것을
무엇이든 소유하려는 욕심을 버리면
한결 마음이 가벼워질 것이다
그러므로 이 세상에는 내 것이라는 건 없다

내 인생의 기도

내가 걸어 온 길을 거슬러
되돌아갈 수는 없지만
한번쯤은 차분한 마음으로
뒤돌아볼 때인 것 같다

나를 스쳐간 모든 사람들 중에는
우연히 스쳐간 사람도 있고
혹은 연인으로
혹은 친구로
혹은 사랑이란 이름으로,
이런저런 인연으로
나를 스쳐 간 수많은 사람들
그들을 사랑하고 싶다

그들이 나를 스쳐 갈 때
나를 찾은 그들을 대하면서
깔보고 업신여기며
막대하지는 않았는지
비난의 화살을 던지고
흉을 보거나 욕하지는 않았는지

상처 입고 찾아온 사람을
그냥 지나쳐 버리지는 않았는지
우정으로 찾아온 사람을
매몰차게 내치지는 않았는지
사랑으로 다가온 사람을
가슴 아프게 하지는 않았는지

무거운 짐 짊어진 사람을 보고
그 짐을 들어 준 적은 있는지
배고픈 사람을 보고
빵 한 조각 건넨 적은 있는지
추위에 떨고 있는 사람을 보고
따뜻한 옷 한번 건넨 적은 있는지

나를 필요로 하는 사람에게
도움을 준적은 있는지
편안히 쉬고 싶어 하는 사람에게
마음의 안식처는 되어 주었는지
힘들어서 지친 사람에게
기댈 수 있는 어깨는 내밀어 주었는지

나를 스쳐가는 그 사람들에게
따뜻한 미소와 웃음으로
고마움의 악수를 청한 적은 있는지

〈

내 잘못으로 하여금
누군가 피해를 입었다거나
내 자존심으로 하여금
누군가의 마음에
골 깊은 상처를 주지는 않았는지
꺾이지 않는 내 고집 때문에
누군가를 힘들게 하지는 않았는지
다시 한번 내 자신을 돌아본다

그리고 반성의 시간을 가져 본다

아직 이루지 못한 것도 많은데
불혹을 넘어 시드는 꽃과 같고
서산에 지는 태양과도 같은
내 삶이 남았어야
얼마나 남아있겠는가

지금 내게 주어진 시간에 감사하고
가식 없이 솔직한 마음으로
대화를 나눌 수 있는 이들에게
또 한 감사의 마음을 전한다

내 마지막 가는 길에

힘없는 내 손 잡아 줄 사람도
내 무덤 앞에 엎드려서
목 놓아 울어 줄 사람은 없어도
나를 믿어주고 믿음을 주는
그대들이 있지 않은가
지금껏 살면서
나를 스쳐 간 많은 사람들
모두를 사랑합니다

한 사람을 위한 기도

한 사람을 사랑함에
죄를 짓지 않게 하고
한 사람을 사랑함으로서
아름다울 수 있게 하고
한 사람을 사랑한 마음이
영원히 변함없게 하고
한 사람을 사랑한 것이
부끄럽지 않게 하소서

나로 하여 그 사람이
눈물짓지 않게 하고
나로 하여 그 사람이
마음 아프지 않게 하고
나로 하여 그 사람이
슬퍼하지 않게 하고
나로 하여 그 사람이
즐겁고 행복하게 하소서

사랑으로 하여
눈물 흘리지 않게 하고
사랑으로 하여

이별을 두려워하지 않게 하고
사랑으로 하여
참을 수 없이 고통스런 날이
그에게는 없게 하소서

내가 쓰러져 주검을 맞이하는 날
그 사람의 마음에서
모두 지울 수 있게 하고
그 사람의 가슴에
오래도록 자리하고 있으면서
그 사람 마음을 아프게 하는
죄를 짓지 않게 하소서

마음 맞추기

어떤 한 가지 사물을 앞에 놓고
두 사람만 있어도 보는 이의 시각에 따라
다른 색깔에 다른 생각을 한다

열이면 열, 백이면 백
저마다 자신만의 잣대와 신념이 있고
자신만의 취향과 시각으로 세상을 보기 때문에
같은 색깔 같은 생각이 나올 수는 없다

생각하는 것이 다르고
바라보는 각도가 다르다 보니
열 명이 모이면 열 명의 소리가 나고
백 명이 모이면 백 명의 소리가 날 수밖에 없다

저마다 다른 환경에서
다르게 생활하는 사람들이 만나
마음을 맞춰서 같은 길을 함께 간다는 건
서로 이해하고, 양보하고
배려하는 마음 없이는 정말 힘들고 어렵다

함께 어울려서 도우며 사는 세상

모든 게 다 '너 때문이야'라는 생각보다
다 '나 때문이야'라고 생각한다면
다툼은 일어나지 않을 거다

'네가 나에게 뭘 해주었는데'라고 하기 전에
'내가 그에게 무엇을 해 주었나'를 생각한다면
어긋난 톱니바퀴처럼 삐걱거리는 일은 없을 거다

열 명이 열 명의 소리를 내기보다
백 명이 백 명의 소리를 내기보다
한 명의 소리로 조화를 이룰 때
다툼도 없고 미움도 없는
정말 아름다운 사회 아름다운 세상이 될 거다

죽을 일 참 많다

사람들은 무의식중에
'죽겠다'라는 말을
예사롭지 않게 쉽게들 한다

웃겨 죽겠네 미워 죽겠네

좋으면 좋아서 죽겠네
싫으면 싫어 죽겠다

보고 싶으면 보고파 죽겠네
그리우면 그리워서 죽겠다

힘들면 힘들어 죽겠네
아프면 아파 죽겠다

배고파 죽겠네 배 터져 죽겠네,
죽겠네 죽겠다

이래서 죽고 저래서 죽고
뭐가 그리도 죽을 일이 많은지

사는 그 자체가 죽겠네
죽겠다라고 할까

툭하면 죽겠네 죽겠다는 말을
아무렇지 않게 참 많이 하며 산다

세월을 탓하지 마라

흐르는 것이
세월이라 말은 하지만
어디 세월만이 흐르는 걸까
우리네 인생도
함께 흘러가는 것을
흐르다 지쳐
어느 순간 그대로 멈춰
돌이라도 되었으면 좋겠다

철철이 다른 모습을 하고
우리 곁에 다가와
잠시도 멈추지 않은 채
생을 재촉하는 그대라지만
어찌 탓할 수 있으리오

그대 지나간 자리마다
남겨지는 흔적들을 바라보면
왠지 마음이 숙연해진다

모든 것이 부질없는 허상이고
모든 것이 꿈이라 할지라도

그대를 탓하지 않으려오

그대는 가고 흔적만 남아
그대 지나간 자리에
눈길을 두고
그대 뒷모습만 바라볼 뿐

세월
그대를 탓하지 않으련다

천상으로 가는 길

이 세상에 올 때
알몸에 빈손 들고 와서
사랑도 해 봤고
가슴 아픈 이별도 해 봤다

자연의 순리 앞에
순응도 해 봤고
두 주먹 불끈 쥐고
세상과 맞서도 보았다

이 세상에 올 때
그 흔한 이름도 없이 와서
알아주는 이 없어도
이름 석 자는 얻었다

아름다운 이 세상에
나 홀로 소풍 와서
방랑도 해 보았고
풍류도 즐겨 보았다

생활에 필요한 머니도

등 따습게 누울 집도
이 세상 여행하는 동안
잠시 빌려 쓰는 것일 뿐

이 세상 여행 끝나고
하늘너머 가는 길
함께 동행해 줄 이도
아파해 줄 이도
내 무덤 앞에
꽃 한 송이 들고 와서
설게 울어 줄 이도 없지만

천상으로 가는 노자로
엽전 세 닢에
삼베옷 한 벌을 건졌으니
이 세상 여행이
참 행복했다 하겠네

죽일 놈의 세상

이놈의 세상
어찌 돌아가는 건지
없는 놈은 더 어렵고 힘들다고 아우성치는데
있는 놈은 살판났다고 배나 두드리고
없는 놈의 얄팍한 주머니 박박 긁어내어
가진 놈 욕심 키우기에 혈안이 되어 설치는 세상
빈부격차 줄이고
다 같이 잘 사는 세상 만들겠다고
큰소리 뻥뻥 치더니
금배지 달고 어깨에 힘 좀 들어가니
강 건너 불구경하듯 뒷짐 지고 서 있는
저 꼬락서니하고는…

제3부
차 한 잔의 여유

불청객

배는 고픈데
상 차리기는 죽기보다 싫고
남이 차려놓은 밥상에
숟가락 하나 달랑 들고 와서는
자기가 주인이라니
손바닥으로 하늘을 가릴 일
차라리
거적으로 바람을 막지

인생 · 2

우리네 인생은
이 세사에 소풍 와서
잠시 쉬었다 가는 것
무엇 때문에
그 무엇에 얽매여
스스로 일탈의 날개를 꺾고
세상의 무거운 짐 짊어지고
마음의 숨통을 죄고 있는가

길지 않은 인생

길지 않은 인생
다투지 말고 살자
사랑하며 살아도 짧은 삶
보듬고 살자
사랑하며 살자

어차피
빈손으로 갈 몸
베풀고 나누며 살자

일탈

괴나리봇짐 등에 지고
일탈을 꿈꾸기도 했다
이 세상에 올 때
그 모습 그대로
영혼에게 자유를 주고 싶다
짊어진 업 다 내려놓고
비가 오면 빗속을 걷고
바람이 불면 바람의 길을 걸으며
부러진 날개를 휘저어 보지만
언제나
같은 자리를 맴돌다
제풀에 꺾여 지쳐 쓰러진다

삶

마음이 답답한 날
하루종일 우울한 기분에
아무것도 할 수가 없다
삶도, 죽음도 한순간인 것을
무엇이
그 무엇이
삶을 힘들게 하는가
어차피
다 내려놓고 갈 것을
뭣 하러
그 무거운 짐
예까지 짊어지고 왔는가

형아

코흘리개 시절엔
참 많이 다투기도 했지만
늘 내 편이 되어 준 형아
어느덧 세월은 흘러
반백 살을 훌쩍 넘겼네요
살아 온 날보다
살아갈 날이 더 짧지만
엉아
우리 엉아
지나간 세월 탓해 무엇해
엉아
우리 엉아
이놈의 세월 야속하다
노여워하지 말아요

꿈에

길을 걷다가
문득 네가 생각났어
꿈을 꾸는 듯
하얘진 내 머릿속에서
너는 자유롭게 돌아다니며
가려운 곳을 긁어주는
효자손처럼
아픈 곳만 긁고 있었어
술을 마시다가
문득 네가 보고 싶어졌어
종이배처럼
술잔 속을 노 젓고 다니면서
잠이든
그리움을 깨우고 있었어

멈춰버린 시간

새하얀 벽 위
석고처럼 딱딱하게 굳어
고이 잠든 시간 아래
두 눈을 꼭 감고 누워
무슨 생각 그리도 많아
달이 가고 해가 바뀌어도
한번 멈춰선 시간은
어떤 미동도 없다
징검다리 같은 기억이
멈춰버린 시간을 돌릴 수 있을까

천사탄생

아이야!
네가 어머니 자궁을 나와
이 세상에 탯줄을 묻던 날
우리 모두는 기뻐했었지
해맑게 웃는 너의 모습은
천사의 미소처럼 고왔지

건강해라
아프지 말고
튼튼하게만 자라다오
험한 세상 쓰러지지 말고
넘어져도 오뚝이처럼 일어나
끝없이 넓은 우주를 향해
너의 꿈을 펼치거라

미래는 너의 것
태양처럼 밝고 꽃처럼 곱게
네 꿈을 펼치거라

상처

바람이 부는 날은
그대 숨결 같은 바람 속으로
비가 오는 날이면
그대 눈물 같은 빗속으로
안개 짙은 날은
하얗게 번지는 그리움으로
웅어리진 가슴
골 깊은 상처의 얼룩을
하염없이 쏟아지는
저 빗속에 내팽개치고 싶다

차 한 잔의 여유

차 한 잔을 마시는 시간은
모든 것을 잊을 수 있는
여유로운 시간이기도 하지만
많은 것을 생각할 수 있는 시간이다
아침에 마시는 차 한 잔으로
여유로운 하루가 되었으면 좋겠다

명(命)

턱을 고이고 앉은 창가에
별들이 내려와 앉는다

처마 끝에 꼬리를 감추고
길게 늘어진 거미줄에 걸려
애처롭게 퍼덕이는 불나방
제 명(命)이 다해가고 있음을
알고는 있는 걸까

불혹이란

뒤 한번 돌아볼 짬도 없이
숨 가쁘게 앞만 보고 달려온 삶
살아온 지난날을
되돌아갈 수 없는 것처럼
다가올 날 또 한
거부할 수 없는 운명
세파에 휘둘린 무거워진 어깨만큼
외로움이 배어나는 가슴으로
일탈을 꿈꾸는 인생의 반환점

무념(無念)

정서가 메마른 탓일까
아름다운 꽃을 보아도
하나도 예쁘질 않고
하늘을 보고 있어도
아무런 느낌 없이
그저 무덤덤할 뿐이다

감정이 말라버린 탓일까
그 아름답던 풍경도
눈에 들어오지 않고
물소리 바람 소리마저도
전혀 들을 수 없다

한줄 시도 못쓰고
시간만 곰삭힌 지도 오래
꿈꾸던 이상도
모두가 부질없는 것을

우리 친구 할래요

오늘처럼 비가 내리는 날이면
따뜻한 커피 한 잔 마시며
깊이 있는 인생을 논하기보다는
그냥 살아가는 이야기로
하루를 보낼 수 있는 그런 친구

답답한 가슴 열어놓고 싶을 때
아무 연락 없이 불쑥 찾아가
속없이 주저리주저리 늘어놓고
멋쩍은 듯이 씨익 웃고 있으면
미소로서 화답해 줄 수 있는 그런 친구

어느 날 문득 술이 고프면
풋내 나는 김치 몇 조각으로
쓰디쓴 술잔을 주고받으며
살아온 날들을 뒤척이면서
위로하고 위안이 되는 그런 친구

내 주머니가 썰렁해도
아무런 부담 없이 차 한 잔 나누고
마음이 울적하고 옆구리가 시린 날

한 잔 술에 시간을 맡겨놓고
한번 했던 얘기 하고 또 해도
묵묵히 들어줄 수 있는 그런 친구

삶이 힘들고 버거워져서
몸도 마음도 지쳐 쉬고 싶을 때
미친 듯이 달려드는 파도를 향해
가슴을 내밀 수 있는 곳으로
나 홀로 떠나는 여행길에
아름다운 동행을 해 줄 수 있는
그런 연인 같은 친구
우리 친구 할래요

5월의 신부

음력 사월하고 초파일
부처님 오신 그날에
한 집안의 며느리로
한 남자의 아내로
예쁜 신부가 태어났다
마냥 어린아이로만 생각했고
철부지로만 여겼던 아이가
언제 그렇게 자라서
엄마 아빠의 품에서 벗어나
하나의 가정을 꾸리고 살아갈
준비가 되었는지
대견하고 기특하구나
그래
많은 하객과 가족 친지
그리고 친구들이 보내는 축복 속에
순백의 면사포를 쓰고
사랑하는 사람의 손을 잡고
내일을 향해 나란히 첫발을 내딛는
오늘은 네가 주인공이다

사소한 일로 다투지 말고

서로를 보듬고 이해하고
한 번 더 생각하며
서로에게 버팀목이 되어주고
바람 불면 바람막이 되어주고
비가 오면 우산이 되어주고
눈이 오면 따뜻하게 안아주고
다툼이 있거든 하루를 넘기지 말고
가능한 그 자리에서 풀고
서로에게 상처가 되는 말은 삼가고
서로를 아끼고 존중하고
지금처럼만 사랑하며 행복하게 살아라

엄마에게

난 엄마가 있어 좋다
힘들 때 기대어
아기처럼 투정을 부려
엄마를 속상하게 해도
보듬고 다독이는
엄마가 있어 나는 좋다

흐린 날은 흐린 대로
개인 날은 개인대로
엄마가 보고 싶어서
눈물 날 때도 있지만
그때마다 따뜻한
가슴 한 켠을 내어주는
엄마가 있어서
참 행복하다

마음을 부자로 만들어라

아무리 많은 것을 얻었다 해도
마음이 가난한 사람의 웃음은
문지방을 넘지 못하지만
물질적으론 가난하더라도
마음이 부자인 사람의 웃음은
높은 담장도 넘는다

마음을 편히 가져라
그리고 마음을 부자로 만들어라
그러면 모든 근심걱정은 사라진다

하얀 방황

가슴이 답답한 밤
나 홀로 잠 못 이루고
어둠 속을 헤매고 있다

늘 같은 길이
오늘따라 낯설게 느껴지고
뼛속까지 파고드는
영하의 칼바람은
내 몸을 사정없이 죄이고
석고처럼 굳어지는 몸
손가락 하나 움직일 수 없다
하얗게 얼어붙은 새벽
반쪽 달이 얼굴을 내밀고
나를 비웃는 것만 같다
바보라고…

모두가 잠든 밤
왜…
자꾸만 눈물이 나는 걸까

제4부
갈매기의 꿈

거꾸로 서는 계절

가을에는 세상이 거꾸로 선다
산도, 나무도 거꾸로 서 있다
산은 계곡을 따라 흘러내리고
나무는 하늘에 뿌리를 박고
척박한 땅 위에서 잎을 피운다
가을에는
바람도 몸을 잔득 낮추고
조심조심 땅 위를 걷는다

철 지난 바다

바다가 나를 부른다
날 오라 손짓한다
지난 여름날의 추억도
낯선 사람들의 발자취도
그 흔적은 보이지 않지만
하늘과 이마를 맞대고
늘 같은 자리에 누워 있다
때론 거친 숨을 몰아쉬고
어느 날은 어머니 품처럼
포근하고 온화한 모습으로
삶의 고뇌를 짊어진
뭇사람들의 가슴에서 숨을 쉰다

하얀 바다

바다는 늘 거기에 있다
하얀 이빨을 드러내고
웃었다 울었다를 반복하며
모든 걸 수용 할 것처럼
항시 똑같은 자리에서
누군가를 기다리고 있다

바다는 늘 거기에 있다
갯바위에 부딪혀 깨지고
구르기를 반복하면서
시퍼렇게 멍이 들어도
넓은 가슴을 내어주는 바다
바다는 항시 그곳에 있다

잠 못 드는 밤

산자락에 턱을 괸 해는
긴 그림자를 남긴 채
내일을 위해 잠이 들지만
저기 붉게 물든 노을 속에 묻어 둔
내 그리움의 밤은 하얗다
싸늘하게 식어가는 밤
머리를 싸매고 시름하다
지처 잠들만도 한데
하늘과 땅이 뒤바뀌기를
수없이 반복되는 밤은
마치 대낮처럼 밝다

갈매기의 꿈

고깃배 드나들고
비린내 풀풀 날리는
항구를 떠나지 못하고
배회하는 갈매기는
오늘도 꿈을 꾼다
더 멀리 더 높이 날아올라
자유를 품에 안고 싶어
쉼 없이 쉼 없이
날갯짓해 보지만
언제나 제자리를 맴돌고 있을 뿐
그 어디도 가지 못한다

하늘 저편

하늘 저편
가고 싶다고
갈 수 있는 곳이 아니다
살아서는 갈 수 없는
저 멀고 먼 곳에
그리운 이 있어
생이 끝나는 날
삶을 정리 하는 날
이승에서 맺은 인연
그 고리를 풀고
홀연히 찾아가 봐야겠다
하늘 끝

파도의 눈물

바다가 그리운 계절에는
하얗게 부서지는 파도의 눈물이
그리움의 탑을 쌓고
바람에 묻어나는 짠 내음은
내 가슴을 소금밭으로 만들었다
하늘과 맞닿은 수평선 저 너머에
그리움의 무덤을 만들고
이 세상 소풍 끝나는 그날
그 속에 내 영혼을 묻으리라

달맞이

산 어깨를 짚고 일어서서
어둠을 깨우는 빛을 보라
세상을 향해 환하게 미소 짓는
저 달을 보라

올 한 해 무탈을 기원하는
우리의 염원을 담은 소원지
달집에 태워 보내니
꿈이 되고 희망이 되어
우리들 마음에 빛으로 내려온다

보라
마음을 기울이고 들어보라
저기 계수나무 아래
달 토끼 절구질 소리를
근심과 걱정
모두 털어 내고
산릉선에 우뚝 선 저 달을 보라

- 축시 대보름맞이 사진촬영대회 낭독시

바다 · 3

바다는 언제나 그곳에 있다

끊이지 않는 하얀 물거품은
그리움의 몸부림
키만큼 자란 물기둥은
하늘 오르려는 욕망
오르지 못할 것을 알면서
허구한 날 몸을 뒤틀고 있다

바람의 유혹

비 개인 오후
상큼한 바람이 나를 유혹한다

계곡물을 딛고 선 물안개
그대 향기처럼 번지거늘
난
아무런 감정도 느낄 수 없다

산사로 가는 길 저 멀리
하늘 오르지 못한 구름조각
산허리를 옭아매고 같이 가잔다

그대 함께 오르는
송림(松林)이 우거진 샛길
숲이 삼켜버린 발자국 소리
파란 바람을 담은
그리움의 가슴은 퇴색해버렸다

홍수

흐렸다 개였다
울다가 웃다가
변덕스런 그대 몸부림
천둥소리 울릴 때마다
장대 같은 물줄기를
땅위에 꽂으며
하늘은 울고 또 울었다

개천이 넘치고
강물이 범람하고
어디가 논이고 어디가 밭인지
어디가 길이고 어디가 강인지
분간이 되지 않는다

붉은 바다 한가운데
커다란 나무가 있고 전봇대가 서 있고
호수 한 가운데
가로등 불빛 아래 이정표 하나가 서 있다

아름다운 밤

구름 한 점 보이지 않는 하늘엔
촘촘히 박힌 별들이
어둠 속에서 더욱 빛나고
한낮
대지를 달구고
아스팔트를 끓이던 열기도
서늘한 바람 앞에 무릎을 꿇고
풀벌레 울음소리가 높아지는
참 아름다운 밤이다

밤의 침묵

날이 밝으면
뜨겁게 달궈진 햇살에
봄눈 녹아내리듯
그렇게 사그라질 너를
가슴으로 안고
하얗게 밤을 태운다

허공을 휘감고
바늘 끝처럼 날카로운
쇳소리로 울어대던
철부지 나그네도
너와 함께 잠이 들면
저만큼에서 들려오는
고요 속 외침을 듣는다

서글프게 울어대는
짝 잃은 두견새의 울음소리
귀밑 가까이서 맴돌며
가슴 한켠을
눅눅하게 적시곤 한다

아침이면
소리 없이 떠나갈 너는
까맣게 그을려 침묵하고 있는데

아침

아침 햇살에 눈을 뜬
어미 새 한 마리
푸드덕거리며 날아오르면
밤새 내린 이슬방울이
바람을 안고
땅으로 굴러떨어지는 소리
또르륵
또르르륵
아침햇살이
유리창에 부딪히며
깨어지는 청아한 그 소리
쨍그랑!
쨍그랑!

숲속의 아침

눈을 들어 둘러보면
키 작은 하늘에 걸려있는
덩치 큰 산들 뿐
그냥 이라도
지나가는 나그네 하나 없네

계곡을 박차고 일어선 안개
가시덤불 속을 헤치고 나와
쪽빛 하늘로 흘러내리면
산자락을 기웃거리는
뒤처진 구름 한 조각 불러놓고
예서 잠들라고 하네

숲으로 드는
갈 길 바쁜 바람 앞에
두 팔 벌려 가로막고 서서
어딜 그리 급하게 가느냐고
예서 머무르라고 하네

길

언제
어느 곳이나 길은 있다

누군가 먼저 지나 간 길이든
자신이 만들어가는 길이든

항상
길은 있게 마련이다

말(言)

무심코
툭
던진 말 한마디가
끔직도 하지
총칼도 아닌 것이
가슴에 비수처럼 꽂혀
지울 수 없는 상처를 주지

입

남을 칭찬하면
좋은 향기가 나고
남을 흉보면
쉰내가 나는
세 치 혀가 사는 집

운명

인간은 누구나
죽음 앞에 이르면 무섭고 두렵겠지만
자신의 운명을 점지하지는 못한다

오늘의 행복한 순간이
내일의 불행으로 돌아눕는다 할 지라도
한순간의 실수로 돌이킬 수 없는
커다란 죄의식에 사로잡혀
벗어나지 못한다면 정말 불행한 일일 게다

인간이기 때문에
실수를 할 수 있는 건 당연하겠지만
한 번의 실수가 일생을 좌우한다는 건
정말 잔인한 일인 거다

우리네 인생은
죽음 앞에 서면 두렵긴 해도
누구나 가야 할 길이기에
편안한 마음으로 돌아갈 수 있는 것이
운명인지도 모른다

하늘 끝

하늘 끝 저 너머에는
잘 났거나 못났거나
있는 사람 없는 사람
차별이 없겠지
하늘 끝
저 너머에는
아픔도 없고 슬픔도 없는
아름다운 세상이 기다리고 있겠지

빈자리

바람도 머물지 않는 빈자리에
한 뼘 남은 햇살이 내려와
하얗게 내린 서릿발을 쓸고
설익은 낙엽에 불을 지핀다
모두가 떠나고 없는 빈자리를
벌레가 먹다 남긴 낙엽 하나가
덩그러니 지키고 있다
갈대꽃이 흩날리는 강둑에서
한 뼘 남은 햇살을 긁어모으며
노을 속으로 떠나가는 계절
그 쓸쓸한 뒷모습을 바라본다
처량하게…

힘겨운 날

힘들다
너무 힘들어서 못살겠다
노란 하늘은
무기력한 내 몸 위로
사정없이 쏟아져 내리고
바람개비 보다
더 빠르게 돌아가는 세상
그 한복판에 내가 서 있다
눈을 뜨면
허공에 둥둥 떠다니는 몸
눈을 감으면
땅속으로 깊숙이 파고든다
지친다
지쳐서 쓰러질 것 같다
몸도 마음도 지치고 힘들어서
모든 것
다 놔버리고 잠들고 싶다

<작품해설>

광물들이 빼곡이 매장된 마음산

김 순 진(문학평론가 · 한국문인협회 이사)

●●●●●
작품해설

광물들이 빼곡히 매장된 마음산

김 순 진(문학평론가 · 한국문인협회 이사)

이재업 시인과의 인연을 맺은 지 벌써 20년이 되었다. 나는 영월에서 개최되는 김삿갓문화제에 2003년부터 다니게 되었는데, 그 인연으로 나는 이재업 시인을 만나게 되었다. 영월의 문인들은 하나같이 똘똘 뭉쳐 열심히 김삿갓문화제를 치러냈는데, 그 결과로 이제는 영월의 대표 문화행사가 되었고 전국에서 알아주는 문화행사가 되어 문인들이 꼭 가고 싶은 행사로 거듭나게 되었으니, 그동안 김삿갓문화제를 치러낸 영월 문인들의 수고에 우레와 같은 박수를 보내며 감사의 말을 전하고 싶다. 올해 김삿갓문화제는 27회가 될 것이고, 내가 김삿갓문화제와 주천강문학회, 장릉문화제, 섶다리 방문, 호랑이 제사 등에 다닌 그 시간이 벌써 20년을 지나니 청년 같았던 이재업 시인과 나는 초로의 장년이 되었지만, 그 학문의 깊이가 더해져 이젠 두 사람 다 지역 사회에서 인정받는 인사가 되었다. 첫 만남 이후 이재업 시인은 주천면, 무릉도원면, 한반도면 등 3개 면의 문인들이 모인 주천강문학회에 회장을 오래도록 맡아 운영하면서, 주천강문학의 발행 및 주천연꽃문화제의 시화전을 개최하고 앤솔로지를 발행했다. 그 행사에 필자가 강의하는 고려대 미래교육원 시창작과정 수강생들이나, 필자가 창단해 지금까지 이끌고 있는 한국스토리문인협회 회원들을 대동하며 참여하다 보니, 처음의 서먹함을 떠나 이젠 안 보면 그리워지는 형제의 정을 느낀다. 그런 오랜 문단 생활은 이재업 시인에게도 큰 변화를 가져왔으니, 우선 문학성에 깊이를 더하게 되었고, 심적으로는 어려운 농촌 생활에도 꿋꿋하게 살아가는 의지를 다질 수 있었다고 보아진다.

하여 나는 이 글에서 이재업 시인의 문학적 소양을 꿰뚫어 보면서 그가 쓰고 있는 시세계를 조명코자 한다. 그러면 이쯤에서 이재업 시인의 시 몇 편을 읽어 보면서 그의 마음산에는 어떤 광물들이 매장되어 있는지 하나하나 살펴보기로 하자.

1. 이재업 시인의 문학적 혜안

여인의 숨결 같은 부드러움으로
볼살을 꼬집던 바람이
바늘 끝처럼 뾰족해지면
여름 한낮 그늘이 되어주고
소낙비를 막아주던 그대는
검은 하늘에 뿌리를 박고 거꾸로 선다

서릿발에 코를 박은 햇살이
쫓기듯 자리를 뜨고 나면
하늘과 땅 사이에 걸린
안개 커튼 뒤 검은 산들이
실루엣으로 가까이 다가온다

여인의 숨결처럼 따스하던 바람이
가시 돋친 듯, 앙탈을 부리면
나무는 거꾸로 선다
세상이 거꾸로 선다
아니 내가 거꾸로 서 있다

-「거꾸로 자라는 나무」 전문

이 세상에 거꾸로 자라는 나무란 없다. 있다면 처마 밑에 매달린 고드름 정도일 것 같다. 그런데 이제업 시인은 이 시집의 제목으로 삼고 있는 「거꾸로 자라는 나무」에 대해 쓰고 있다. 보통 사람의 생각으로는 물에 비쳐 반사되는 나무가 거꾸로 자란다고 본다. 그런데 이재업 시인은 겨울이 되어 나뭇잎들이 모두 떨어지고 나면 나무가 마치 뿌리처럼 보이고, 그 나무는 하늘에 뿌리를 박고 거꾸로 자라는 나무가 된다는 것이다. 그런데 나무는 공연이 거꾸로 자라는 것이 아니다. “여인의 숨결 같은 부드러움으로 / 볼살을 꼬집던 바람이 / 바늘 끝처럼 뾰족해지면”, 그리고 “여인의 숨결처럼 따스하던 바람이 / 가시 돋친 듯 앙탈을 부리면” 나무는 거꾸로 자란다. 말하자면 나무가 거꾸로 서는 이유는 순전히 여인 때문이다. 이재업 시인의 마음도 내 마음도 이 세상에 존재하는 절반의 인구 남성들의 마음도 모두 여인 때문에 죽고 살며, 여인 때문에 열심히 일하는 것이다. 그처럼 나무도 이성의 나무를 위해 살며 거꾸로 서기를 거부하지 않는다. 그래서 세상살이가 내 맘같이 되지 않을 때 나무가 거꾸로 서는 것처럼, 세상이 거꾸로 서며, 이재업 시인도 삶이 내 맘같이 되지 않을 때면 거꾸로 사는 느낌을 받지만, 이제 인생의 종반전으로 치닫는 나이에 이제라도 뒤돌아보며 거꾸로 살아야겠다고 다짐하는 것이다.

나는
혼자 도는 바람개비
바람이 없어도 잘 돌아간다

<
나는
혼자 걷는 나그네
오라는 곳은 없어도 갈 곳은 많다

바람은 스스로 길을 만들어 가는데
나는
이미 정해져 있는 길도 찾지 못해
같은 자리를 맴돌고 있다

오늘도
또 내일도

–「혼자 도는 바람개비」 전문

일찍이 부처님께서는 오랜 득도의 수련 끝에 보리수나무 아래서 깨달음을 얻은 뒤 일곱 발자국을 걸으며 천상천하유아독존(天上天下唯我獨尊)이라 하셨다. 이 말은 하늘에도 땅에도 오직 나 하나뿐이라는 말로, 우리 인간들에게 큰 가르침을 가져다주었다. 아무리 부부가 있고, 자식이 있고 친구가 있고 이웃이 있다고 할 지라도 결국 자신의 삶은 혼자 결정할 수밖에 없고, 혼자 살아갈 수박에 없다는 말이다. 인간은 태어난 자체가 고독이다. 태어나면 엄마와 가족들의 보살핌 속에 자라지만, 결국 성인이 되면 홀로 살아가야 한다. 이재업 시인은 그런 방법을 터득한 것이다. 첫

연에서 이재업 시인은 "나는 / 혼자 도는 바람개비 / 바람이 없어도 잘 돌아간다"고 말한다. 그것은 이제 환갑의 나이가 된 이재업 시인이 인생의 이치를 절실히 깨닫고, 혼자서도 잘 노는 방법, 혼자서도 잘 사는 방법을 터득했다는 증거다. 바람개비가 바람, 즉 외부의 영향을 받지 않고 자가 발전하여 돌아간다는 것은 매우 큰 의미를 지닌다. 모름지기 바람개비란 외부의 영향을 받는 존재다. 그래서 사람들은 금수저니 흙수저니 하며 출신성분을 따진다. 그러나 아무리 금수저를 물고 태어났다고 하더라도 자가발전시스템을 구축하지 못하면 결국 바람개비의 소용은 무용지물이 되고 만다. 사람은 누구나 다 신선한 바람이 불어주기를 기대하는 존재다. 그러나 외부의 영향, 즉 도움이란 결국 자신을 망치는 결과를 초래한다. 모든 바람개비는 이재업 시인의 바람개비처럼 자가 발전하며 혼자 돌아가야 한다. 이재업 시인이 영월에서 태어나 영월에서 살며 자신의 자리를 맴돌고 있는 바람개비처럼 보이지만, 외부로 나가본들 결국 삶이란 밥 먹고 똥 누는 이야기며, 그 삶이 그 삶이다. 삶이란 무슨 비싼 밥을 먹었느냐가 아니라, 자기의 삶에 얼마나 만족한 트림을 하느냐가 관건이라 생각한다. 그렇다면 이재업 시인은 자신의 원예농업 일을 열심히 하면서 시도 쓰고, 게다가 무릉도원면 남성의용소방대장이라는 봉사까지 열심히 하고 있으니 혼자 도는 바람개비가 맞는 것 같다.

2. 달은 농경사회에 있어 절대군주

산 어깨를 짚고 일어서서
어둠을 깨우는 빛을 보라
세상을 향해 환하게 미소 짓는
저 달을 보라

올 한 해 무탈을 기원하는
우리의 염원을 담은 소원지
달집에 태워 보내니
꿈이 되고 희망이 되어
우리들 마음에 빛으로 내려온다

보라
마음을 기울이고 들어보라
저기 계수나무 아래
달 토끼 절구질 소리를
근심과 걱정
모두 털어 내고
산 능선에 우뚝 선 저 달을 보라

- 「달맞이」 전문

이 시는 "축시, 대보름맞이 사진촬영대회 낭독시"란 각주가 붙은 시다. 농경사회에서 달은 절대군주였고 신앙이었다. 지금은 달을 보며 무병장수를 비는 토테미즘 신앙이 모두 사라지고 지자체별로 달집태우기행사 같은 것을 하는 동네가 있긴 하지만, 우리들이 어릴 적에 대보름은 큰 축제나 다름이 없었다. 어릴 적 대보름이면 아버지는 굵은 싸리나무 윗부분을 쪼개 관솔을 꽃처럼 꽂고, 그 싸리나무에 나의 나이 수만큼 빙 둘러 꽃을 새겨 홰를 만들어 주셨다. 그러면 어머니는 미리 횃불에 불을 붙여서 달이 떠오르기를 기다리고 있다가, 동쪽에서 달이 떠오르자마자 나에게 건네시며 "달님 달님, 절합니다. 그저 공부 잘하게 해주시고, 부스럼 없이 건강한 한 해가 되게 해주세요."라며 선창하시고, 나를 보고 따라 하라고 했다. 그리고 나면 우리는 미리 준비해놓은 불깡통을 돌리며 앞둔지 벌판으로 나가 불깡통을 포물선으로 던지며 떨어지는 불똥에 환호성을 지르며 불꽃놀이를 했다. 그런 추억은 아마도 장년층 이상이면 다 같이 느끼는 감정일 것이다. 지금은 양력 생활이 생활화되어 있지만 우리가 어릴 적, 벽에는 그 지역 국회의원들이 한 장씩 보내준 달력이 예닐곱 개씩 붙어 있었고, 우리는 양력 달력을 보며 학교에 다녔지만, 오늘이 누구 제사며,

누구 생일이라며 부모님들은 십간십이지(十干十二支)를 외우며 음력을 손꼽으셨다. 그래서 우리 나이 또래의 사람들은 지금도 음력 생일을 쇤다. 어릴 적 보름달이 동쪽에 떠오를 때 국망봉을 기준으로 하여 남쪽으로 떠오르면 풍년이 들고, 달의 크기에 따라 길흉화복을 점치기도 하였다. 그처럼 달은 농경사회에 있어 절대군주 같은 존재였고, 너, 나로 부를 존재가 아니라 신성한 존재로 언제나 '달님'으로 불렸다. 가을 달밤에 '우리 집에 왜 왔니 왜 왔니', '꽃 찾으로 왔단다 왔단다'하며 놀거나, 달밤에 '도둑놈잡기' 놀이를 하며 지내던 시절이 엊그제 같다. 달은 농경사회에서는 없어서는 안 될 존재였고, 지금도 바닷가에서는 조수간만의 차가 쓰여 있는 조금달력이 유용하게 쓰이고 있다. 요즘은 수퍼문이니 불루문이니 레드문이니 하며 영어로만 말하는 세상에 격세지감을 느낀다.

희멀건 달빛마저 엉겨 붙어
길은 보이지 않는다

꽁꽁 언 손 접어서
주머니 깊숙이 찔러 넣고
달을 보며 걷는다

바람을 등에 업고

외투 깃에 모가지를 묻어도
빈 가슴에서 부는 바람은
시베리아 벌판 그 혹한보다
더 매섭고 시리다

회갈색 무덤 속에서
그대로 멈춰버린 숲은
아무런 소리도 낼 수 없는
벙어리가 되었고
계곡을 따라 구르던 물소리도
얼음 속에 갇혀 움직임이 없다

달을 보며 걷는다
그리움이 엉겨 붙어 보이지 않는 길을…

-「달을 보며 걷다」 전문

이 시 속의 계절은 겨울이다. 그리고 시 속의 화자인 시인의 마음 상태도 한껏 얼어 있다. 시 속의 화자에게 달의 밝기, 즉 조도는 중요치 않다. 시 속의 화자는 달빛의 역할을 기대한다. 그러나 달빛은 화자에게 무관심하다. 화자는 지금 극도의 외로운 길을 걷고 있다. 길은 빙판길이다. 그런데 달빛마저 얼어 있다. 그래서 달빛은 화자에게 전혀 도움을 주지 않는다. 길은 빙판 지고 화자의 마음마저 꽁꽁 얼어 있다. 화자는 달빛이 앞서가며 안전한 길로, 포근한 길로, 안심의 길로 안내해주길 바라지만, 이 시 속의 달은 자신과 같이 외로운 존재로 묘사되어 있다. 결국 계절을 바꿔주고, 따듯한 바람을 일으키며, 열매를 맺게 하는 달은 없다. 이 시에서의 달은 앞서 말한 「혼자 도는 바람개비」에서처럼, 이재업 시인처럼 혼자 살아가는 존재로 표현된다. 그래서 화자는 "바람을 등에 업고 / 외투 깃에 모가지를 묻어도 / 빈 가슴에서 부는 바람은 / 시베리아 벌판 그 혹한보다 / 더 매섭고 시리다"고 말하는데, 그것은 화자인 이재업 시인 자신뿐만 아니라, 달에게도 똑같이 적용되는 조건임을 내포한다. 그러니까 달에게 위안을 받거나, 밝고 바른 길을 안내받기를 원했던 이재업 시인은, 달의 짝, 즉 해를 등지고 영원히 혼자 살아가는 달, "그리움이 엉겨 붙어 보이지 않는 길을" 걸어가고 있는 달을 바라보면서 자기의 길을 가고 있다. 달이 동행이 될 수는 있지만, 의지하고 기댈 수 있는 존재가 아니란 것을 말하고 있는 것이다. 부부나 친구가 동행이 될 수는 있지만, 의지하고 기댈 수 있는 존재는 아니다. 외로움을 견디고 나아가는 자, 그 의지만이 내게 가장 좋은 친구다. 이 시에서 이재업 시인은 달에게 위안받기보다는 동행하는 존재로서의 달을 바라보고 있다.

3. 세상을 바라보는 긍정적 관점

세월이 멈춰버린 산 아래 산
그곳은 천혜의 자연이 살아 숨쉬는
지상 최고의 아름다운 지상낙원
하늘이 내려앉은 산 위의 산
그곳은 구름 속 신기루 같은
지상에서 가장 웅장한 곳
짧은 외마디에 할 말을 잃은 채
눈을 뜨고도 다 볼 수가 없고
귀가 있어도 그 소리 다 들을 수 없는
산 아래 산
산 위의 산

-「산 위의 산」 전문

길을 가는 사람의 손에 물병이 하나 들려 있다. 그 물병에는 물이 반쯤 들어 있다고 가정해보자. 한 사람은 벌써 반이나 마셨으니 되돌아가야 한다고 말하는 사람이 있고, 어떤 사람은 아직 반밖에 안 마셨으니 더 가도 된다고 말하는 사람이 있다. 그런데 보통 사람들은 거기까지만 말한다. 이를테면 주어진 조건에만 충실한 사람들이다. 그런데 세 번째 사람은 물병을 개의치 않는다. 가다가 계곡을 만날 수도 있고 비를 만날 수도 있다. 그리고 계곡이나 비를 만나지 않아도 풀잎이나 나무에서 먹고 싶은 물을 얻어내는 지혜를 가지면 된다. 사람들은 주어진 환경에만 적응하려 한다. 이재업 시인이 말하는 산이 있다고 가정해보자. 산은 자신의 위치를 비관할 수도 있다. 높은 산은 '왜 이렇게 쓸데없이 높아서 사람들이 찾아오기 어렵게 하느냐?'며 자신을 비관할 수 있다. 낮은 산은 '나는 뭐 하러 이렇게 작은 산이 되었나?'를 비관하며 '언제 저렇게 높은 산이 되어 보나?'하며 높은 산을 동경할 수도 있다. 그리고 가운데에 있는 높지도 낮지도 않은 산은 '나는 왜 앞에 서지도 못하고 우두머리도 되지 못하며 중치기로 태어났을까?'라며 자신의 위치를 비관할 수도 있다. 모두 부질없는 일이다. 산으로 태어난 것 자체가 축복이기 때문이다. 바닷속에 있는 수많은 산과 구릉들은 아무도 산의 이름을 갖지 못하고 태평양, 인도양, 대서양이라는 큰 틀 속에 갇혀 있다. 수억 마리가 몰려다니는 멸치 떼에게 각자의 이름이 있을 수는 없다. 그렇게 많은 산에 모두 이름을 부여할 수는 없다. 다만 멸치가 국물을 내는 데 특화되어 있듯 낮은 산은 내 위에 또 다른 산이 있거니, 높은 산은 내 아래 산이 있거니, 서로를 인정하며 살아야 산맥이란 말을 들을 수 있다. 채송화가 키 큰 해바라기를 부러워하거나, 해바라기가 바람에 흔들려 목이 꺾일 것을 걱정하며 채송화를 부러워할 필요는 없다는 것이 이재업 시인이 말하는 긍정적인 관점, 즉 "산 위의 산 / 산 아래 산"이란 명제다.

돌돌돌 돌돌돌돌
그 옛날 배고프던 시절
끼니때가 가까워지면
부엌 한 켠에서 들려오던 그 소리
세월을 돌리듯
인생을 돌리듯
겉보리도 돌리고
콩 강냉이도 돌리고
마른 것도
젖은 것도 그렇게
돌리고 또 돌렸지
아무짝에도 쓸모없을 줄 알았던
한 뼘 남짓한 나무토막
어머니 손때가 묻은
그것

* 어처구니 : 맷돌의 손잡이, 맷돌을 돌릴 때 쓰이는 나무토막

-「어처구니」 전문

이재업 시인이 어처구니에 대하여 각주를 달아놓아서 어처구니의 뜻을 모르던 사람도 이해할 것 같다. 중학교 2학년 때 친구의 어머니와 할머니가 여름날 장마철에 비가 많이 와서 일을 할 수도 없고 해서 두

부를 해 먹는다고 툇마루에 마주 앉아 맷돌로 콩을 갈고 있었다. 그런데 갑자기 하늘에서 번개가 쳤고, 어처구니 사이에 끼워놓은 돌쩌귀(손잡이가 흔들리지 말라고 꿰워 놓은 쇳조각)에 벼락이 따라 들어와 고부는 그 자리에서 죽고 말았다. 정말 어처구니 없는 일이 벌어진 것이다. 그런데 그렇게 척박한 환경에도 그는 악착같이 학업을 이어 나가 지금은 사장이 되어 친구들에게 잘한다. 이 세상에 어처구니 없는 일은 없다. 어처구니가 없다고 손을 놓고 있을 뿐이다. 어처구니가 없으면 어처구니를 깎아다 끼우면 되는 일이다. 이재업 시인이 말처럼 "아무짝에도 쓸모없을 줄 알았던 / 한 뼘 남짓한 나무토막"이 마술을 부리듯 메주콩도 갈고 두부콩도 갈며, 도토리나 동부, 녹두도 갈아서 메주도 만들고 두부며, 도토리묵, 동부묵, 청포묵을 만들어먹을 수 있게 하는 것이 어처구니다. 그러니까 어처구니는 없을 때 쓰는 말이 아니라 마술을 부리듯 기적을 만들 때 쓰는 말이다. 이제 우리도 어처구니 있는 일을 해보자. 한 사람의 쓰임으로 수천 가지의 발명품을 만들어내 세상에 빛이 된 에디슨이나, 자동차를 만든 포드, 비행기를 만든 라이트형제 같은 사람이 되어보자. 그렇게 거창하지는 않지만, 열심히 토마토, 배추 농사를 지어 우리에게 먹거리를 제공하는 이재업 시인은 정말 어처구니 있는 사람이다.

이상에서처럼 이재업 시인의 시 몇 수를 읽어보면서 그의 영적 세계를 여행해보았다. 주마간산 격으로 달리며 띄엄띄엄 서 있는 그의 마음 산을 바라보았다. 그의 마음 산은 작은 산이라든지 큰 산이 하나만 덜렁 서 있는 게 아니라 아니라 강원도 영월처럼 가도 가도 산만 보이는 산맥을 이루고 있었다. 그 산의 내면이 금광이나 다이어몬드가 매장된 것은 아니었지만, 시멘트나 석탄 같은 우리들에게 없으면 안 될 꼭 필요한 사랑과 정, 나눔과 봉사와 같은 마음의 광물들이 빼곡히 저장되어 있었다.

주경야독하며 일궈낸 그의 마음 산에는 더덕, 잔대며, 두릅, 다래순, 고비, 고사리 같은 싱그러운 마음들이 가득히 자라고 있어, 사람들이 그의 마음 산에 들어가 마음 나물을 뜯어다가 오뉴월같이 허기가 돋는 마음의 보릿고개를 넘기며 살리라 생각하니 군침이 돈다. 이처럼 아름다운 마음산을 가지고 있는 이재업 시인의 두 번째 시집 상재를 진심으로 축하드린다.

이재업 시집

거꾸로 자라는 나무

초판발행일 2024년 3월 29일

지은이 : 이재업
펴낸곳 : 도서출판 문학공원
발행인 : 김순진
편집장 : 전하라
디자인 : 김초롱
등 록 : 2004년 3월 9일 제6-706호
주 소 : (우편번호 03382)서울 은평구 통일로 633
녹번오피스텔 501동 302호 스토리문학사
전 화 : 02-2234-1666
팩 스 : 02-2236-1666
홈페이지 : https://blog.naver.com/ksj5562
이메일 : 4615562@hanmail.net